NOUS SOMMES UNE SEULE HUMANITÉ

Écrit et illustré par Melissa López Charepoo

Texte et illustrations
© 2026 Melissa López Charepoo

ISBN 978-1-971750-19-4 (livre broché)

« Vous êtes les fruits d'un même arbre et les feuilles d'une même branche. Conduisez-vous les uns envers les autres avec le plus grand amour et la plus parfaite harmonie, avec amitié et fraternité. Celui qui est le Soleil de vérité m'en est témoin ! Si puissante est la lumière de l'unité qu'elle peut illuminer la terre entière. »
— Bahá'u'lláh

Nous sommes une seule humanité.

Nous sommes les feuilles d'une même branche.

Nous sommes
les fleurs
d'une même
prairie.

Nous sommes les lions d'un même fourré.

Nous sommes
les vagues
d'une même
mer.

Nous sommes
les doigts d'u-
ne même
main.

Nous sommes les oiseaux d'un même jardin.

Nous sommes les plantes d'un même verger.

Nous sommes
une seule humanité.

Nous sommes
les étoiles
d'un même
ciel.

Nous sommes
l'herbe d'une
même prairie.

Nous sommes
les gouttes
d'un même
océan.

Nous sommes
les roses d'un
même jardin.

Nous sommes
les rayons
d'un même
soleil.

Nous sommes
les perles
d'un même
océan.

Nous sommes
les fruits d'un
même arbre.

Nous sommes une seule humanité.

Pour plus d'informations sur la foi bahá'íe, veuillez consulter :

www.bahai.org

Références

Vous êtes les fruits d'un même arbre et les feuilles d'une même branche. Conduisez-vous les uns envers
s autres avec le plus grand amour et la plus parfaite harmonie, avec amitié et fraternité. »
Bahá'u'lláh

Vous êtes tous les feuilles d'un même arbre et les gouttes d'un même océan. »
Bahá'u'lláh

Soyez comme les doigts d'une seule main, les membres d'un même corps. »
Bahá'u'lláh

Ces enfants sont les plantes de ton verger, les fleurs de ta prairie, les roses de ton jardin. »
'Abdu'l-Bahá

Ô Toi qui pourvois ! Le plus cher désir de ce serviteur de ton seuil est de voir les amis d'Orient et
Occident s'embrasser étroitement ; de voir tous les membres de la société humaine réunis avec amour en
ne seule grande assemblée, comme des gouttes d'eau rassemblées en une mer puissante ; de les voir comme
s oiseaux dans un jardin de roses, comme des perles d'un même océan, comme les feuilles d'un même arbre,
omme les rayons d'un même soleil. »
'Abdu'l-Bahá

Puissiez-vous devenir comme les vagues d'une même mer, les étoiles d'un même ciel, les fruits d'un même
bre, les roses d'un même jardin, afin que par vous l'unité de l'humanité établisse son temple dans le monde
l'humanité ; car c'est à vous qu'il appartient d'élever la cause de l'unité parmi les nations de la terre. »
'Abdu'l-Bahá

Nous devons considérer tous les hommes comme les feuilles, les branches et les fruits d'un même arbre,
s enfants d'une même famille ; car tous sont les descendants d'Adam. Nous sommes les vagues d'une même
er, l'herbe d'une même prairie, les étoiles d'un même ciel, et nous trouvons refuge sous la protection
vine universelle. »
'Abdu'l-Bahá

Vous êtes tous les vagues d'une même mer, les rayons d'un même soleil, les fleurs d'un même jardin, les
ons d'un même fourré, les oiseaux d'une même prairie et les fleurs parfumées d'un même jardin de roses ;
est pourquoi vous êtes comme une seule âme, et cette lettre est en réalité adressée à chacun de vous. »
'Abdu'l-Bahá

Remerciements sincères à :

Mon bien-aimé mari, Darioush Charepoo, pour tout son soutien.

Nos chers garçons bien-aimés, qui ont été une source d'inspiration.

Leanna Guillén Mora, pour son aide précieuse dans la relecture

et la révision du livre.